Luz de mar

Imágenes a la luz de los faros

Vista panorámica del **faro de Cabo Silleiro** (Pontevedra).

Para ti, Héctor, por esa luz en tu sonrisa que ilumina tus ojos.

Luz de mar

Imágenes a la luz de los faros

Luis Vázquez, «Curro»

Editorial EJ Juventud
Provença, 101 - 08029 Barcelona

La luz no brilla por sí sola.

La Luna no resplandece si nadie la mira. Se esconde tímida,
sonríe entre la oscuridad cuando el tiempo de los hombres
cae con la mirada perdida.

Un destello que te penetra, se hunde en tu pecho creando esperanza.

La luz alumbra a quien la mira y destellea desde el alma generosa
que solo espera que los demás se iluminen.

Prólogo

Por Luis Vázquez, «Curro»

Mucha gente me pregunta, siendo del interior, cómo me dio por dedicarme a grabar faros durante cinco años y siempre contesto lo mismo: no veas en ello ningún complejo freudiano ni simbolismos fálicos; simplemente, como a todo el mundo, me atraían los faros, solo que a mí me llamó el instinto de querer fotografiar y registrar todo y me puse manos a la obra.

En realidad, la primera idea era hacer un libro de fotografías, algo que finalmente se ha hecho realidad. Lo primero que pensé era que tres amigos recorreríamos la costa española parándonos un par de días en cada faro para poder fotografiarlo a las diferentes horas del día, cada uno con su estilo. Se me fue de las manos. Empecé entonces a leer sobre faros, a documentarme y una vez que fui tirando del hilo, me fue imposible parar. Y el proyecto se convirtió en un documental y este libro.

Pedí ayuda y colaboración a mi compañero y amigo Raúl, y comenzamos a entrevistar a tareros, pescadores, historiadores, familiares de torreros... Porque, claro, una cosa es dedicar tu vida a la profesión que amas y otra es arrastrar a tu familia a un destino aislado al borde de un acantilado, lugar envidiable para algunos y tremendamente aburrido para otros.

Durante estos años, hemos madrugado para conseguir la imagen del amanecer, trabajado a destajo sin saber muchas veces por qué lo hacíamos, pasando frío esperando durante horas a que se encendiera el faro y comenzaran a girar sus haces rítmicamente. Pero también nos hemos sentido afortunados cuando cruzábamos el umbral del recinto cerrado del faro y ascendíamos por las escaleras hasta llegar a la linterna en lo alto de la torre.

Y muy especialmente la sensación maravillosa de volar y no en el asiento de un helicóptero o de una avioneta, sino colgados por unos finos cordinos que sujetaban un trapo de colores manejado como una marioneta invertida por mi compadre Nino, Nino Muelas. Para subirse en ese aparato necesitas ser muy valiente o confiar plenamente en alguien. Desde luego, mi caso es el segundo, sin ninguna duda. Nino sabe arriesgar con el paramotor, pero también pararme los pies, porque todo se ve de otra manera cuando llevas una cámara y pretendes capturar un sueño: todo te da igual para conseguir tu imagen y cuando te cuelgan las piernas a varios metros de altura quieres tenerlo todo, exprimir el momento. No es algo que alguien como yo sea capaz de describir.

También grabamos desde el mar. Parece lógico que para un proyecto dedicado a señales marítimas, hiciéramos algún plano desde alguna embarcación, que para ellas hicieron los faros. Con mi colega Javi Ugarte fuimos a Barbate, allá en un mes de abril, lejos de las masificaciones turísticas veraniegas de la zona. Visitamos a su amigo Edu, que se había comprado un velerito de madera y se lo estaba arreglando para salir a navegar. Fue especialmente difícil cuando, dejándome llevar por el entusiasmo, cogí la cámara... sin pensar en las consecuencias. Como he dicho al principio soy de interior, donde el suelo no se mueve a tus pies. Aun así, conseguí unas cuantas imágenes dignas del faro de Trafalgar desde el barco.

De todas formas teníamos entre nuestros planes convivir con los pescadores durante una jornada en su faena... Y lo hicimos en la costa catalana en el acogedor pueblo de Palamós, donde fuimos a por gambas con Joan, un marino estupendo.

España en general posee unos paisajes maravillosos y nuestras costas no dejan lugar a dudas sobre esta afirmación, y aunque me tira más el norte y la gastronomía abundante, haciendo este trabajo no he encontrado ningún sitio al que no desee volver. En esto también son muy importantes las experiencias vitales, lo que has hecho y cómo has disfrutado o sufrido en un lugar concreto, y yo he disfrutado mucho trabajando en ello, y lo mejor no han sido los paisajes, sino el haber conocido a grandes personas y haber compartido incomparables vivencias con mis amigos. Los personajes principales de este libro lo son, sobre todo, por su calidad humana. En general puedo decir lo mismo de cualquiera que aparece en él.

Javier, el que fue farero de La Mola en Formentera, compartió con nosotros unos cuantos días. Cuando llamas a alguien para proponerle participar en algo así y le cuentas tus intenciones, siempre estás un poco nervioso por caerle bien y que no se te escape, porque puede hacer mucho por ti y tú no sabes qué darle a cambio. Javier rompió todos los esquemas, un tipo entrañable, colaborador al cien por cien, divertido, y una persona de esas que te encuentras una vez en la vida, interesante y accesible.

¡Y Lola! Lola ha sido como de la familia, o más bien yo he sido como de la suya. Después de unas cuantas visitas, me recibía en su faro del Sabinal como a uno de los suyos... Era como estar en casa. Conocí a sus hijos, nietos, yernos y todos eran igual de agradables y encantadores. Recuerdo el día que llegó Nino con el paramotor. Nos recibieron como al tío que llega de América y que no has visto en años... ¡Y eso que habíamos estado en el faro por la mañana! El hijo y el yerno de Lola son pilotos y les fascinó cómo aquel artilugio podía volar... Y Nino, que es una persona estupenda con todo el mundo, estuvo hablando con sus colegas del aire como si se conociesen de toda la vida.

Otro farero entrañable ha sido Pedro... Pedro Pasantes, ya retirado de su amada profesión, pero fue el farero con más experiencia que hubo en la Torre de Hércules, en A Coruña, cuando estuvimos con él. Cada vez que veíamos a Pedro terminaba invitándonos a comer y beber con su familia... Y ya se sabe, en Galicia se come y se bebe como en ningún lugar del mundo... Galicia es para mí como la Tierra Prometida, de hecho creo con certeza conocer sus tierras mejor que algunos gallegos. Da igual, la cuestión es que Pedro fue un gran colaborador y entregado como pocos. Y que sabe mucho de su profesión. El día en que le conocimos, recuerdo salir de la Torre con una sensación triunfal diciendo: «Con personas así, todo lo que había imaginado para este proyecto se queda corto».

Y luego está Mario. Mario es un madrileño como yo, que un día se lio la manta a la cabeza, se presentó a las oposiciones de fareros y se fue a vivir a Mesa Roldán, en la provincia de Almería, con su mujer. Mario fue el primer farero al que conocí y tuve también la sensación de estar con alguien extraordinario. Mario ha publicado varios libros sobre faros y tiene alguno aún sin publicarse, que de hecho puede ser el más interesante de todos los que yo he leído. Además tiene un montón de amigos escritores y artistas. Entre ellos editaron un libro de relatos cortos sobre el pueblo de Carboneras que me gustó mucho. Se titula *Con el mar de fondo.* Y me enorgullece que contara con mis fotografías para participar en un libro magnífico en el que trabajó, titulado *Lo demás es oscuridad* junto a un montón de artistas de varias disciplinas y que guardo como un tesoro.

Hay mucha más gente: Eduardo Sanz, tristemente fallecido, un pintor buenísimo que se dedicó durante toda una década a pintar faros y cuya obra ahora guarda el faro de Cabo Mayor, en Santander, en el que también he expuesto mis fotografías..., algo más que indescriptible para mí, por poder compartir espacio con un grande de la pintura española contemporánea. Ramón Allegue, una de las personas que sabe más de la costa gallega y de sus historias y leyendas de naufragios. Enrique Luzuriaga, que trabaja en el puerto de Santander y que fue farero en la isla de Mouro, un lugar indescriptible y con el que fuimos allí. Las Mirens: madre e hija, dos bellísimas personas, viuda y huérfana del farero de Castro Urdiales, una villa maravillosa.

Quizá uno de los destinos que más he visitado ha sido Santander, bueno, Cantabria en general, pero Santander muy en particular, siempre,

o casi siempre a la caza de la ola de Mouro. La isla de Mouro es una roca que se encuentra en la entrada de la bahía de Santander y donde en 1860 colocaron un pequeño farito y una vivienda. Supongo que sería uno de esos destinos para jugarse a los chinos y con pocos voluntarios porque, aunque está a tiro de piedra de la ciudad, solo se podía acceder en barca y en muchas ocasiones el Cantábrico no se anda con tonterías. La cuestión es que cuando hay temporal las olas pueden saltar por lo alto de la torre, cubriéndola por completo como ocurre en otros faros de la Bretaña francesa o de las costas inglesas. Bien, pues yo estaba obsesionado por conseguir esa imagen de la ola tapando el faro.

Todos los días (y aún lo sigo haciendo) me conectaba a la webcam que tiene el puerto de Santander dirigida a la isla y donde se puede ver en directo el estado del mar. No recuerdo las veces que he ido con temporal a intentar conseguir capturar esa ola, esperando detrás del Palacio de la Magdalena a que las olas tomasen carrerilla para saltar. Al final fueron mis amigos David de Frutos y Carlos Guerra, que andaban por allí, los que vinieron a Madrid con mi tan deseada imagen. Pero aún después de tenerla volví alguna otra vez a intentarlo e incluso busqué gente de la zona para tenerla sobre aviso por si me conectaba a internet y veía que el mar estaba furioso. Un día miré la previsión en la página de la agencia de meteorología y daban olas de ocho metros en Santander así que lie a mi amigo Rafa, pedimos permiso en el trabajo para poder cogernos libre el día siguiente e hicimos una escapada relámpago. Las olas no llegaron ni al pie del faro. Sin embargo, sí fueron lo suficientemente traicioneras como para empaparme mientras miraba las focas del parque de la Magdalena. Está claro que las olas de Santander no me quieren, sin embargo eso no es motivo para mí para no volver, cosa que hice poco después para volar en el paramotor y tomar algunas de las fotografías que aparecen en este libro.

También en Santander, esperando bajo la lluvia el encendido del faro de Cabo Mayor, me llevé un gran disgusto, cuando bajando por una cuesta embarrada, me resbalé y me caí encima de la cámara. Tardaron tres semanas en repararla. Cuando me la devolvieron, me llevé a mi padre, que le encanta Santander, para grabar desde uno de los barquitos que dan paseos por la bahía. Pero el agua no es su elemento y ese día el mar no estaba precisamente tranquilo. Aun así, se sentó al lado del arcón de la lanchita hinchable de salvamento y aguantó hasta que terminé de grabar (cuando terminó el paseo, vaya).

Pero ha sido Lydia, mi chica, quien más ha aguantado todo esto. La que se ha quedado sin vacaciones varios años por acompañarme y llevarme el trípode junto con el apoyo espiritual, por no hablar de aguantar la vela del paramotor cuando teníamos que despegar con mal tiempo en Caños de Meca y el viento la arrastraba (a la vela, no a ella). Y sobre todo, por su paciencia escuchando mis charlas estusiasmadas que seguramente le producían dolores de cabeza. Y quien ha trabajado mucho y muy duro para que este libro pudiera ver la luz, ya que las mejores ideas las ha aportado ella.

Echando la vista atrás, las experiencias vividas son totalmente inolvidables. Escribiendo todo esto que me sale sin pensar, que sale de dentro, quiero agradecer a todos los que han participado o nos han ayudado con su aportación a realizar este sueño que cobra vida cuando se pone el sol.

Destellos para «Luz de mar»

Nadie ignora que los faros son una parte importante de la historia de nuestro mundo, que en vez de «Tierra» debería llamarse «Agua», porque está cubierto de ella en más de un setenta por ciento. Desde hace miles de años, los faros han constituido la conexión de los navegantes con las costas, la luz que les servía de guía, la señal de su seguridad y su fiel compañía. Básicamente, su definición podría ser: «cualquier manera de sujetar una lámpara que ayude a los navegantes», pero la realidad es mucho más compleja.

En este país, siguen funcionando ciento ochenta y siete faros, que, junto con los faros portugueses, forman un cinturón luminoso que rodea la península. Una cadena de señales que enlazan entre sí para llevar a los marinos en la dirección correcta, para que nunca se sientan solos o desorientados. No importa si son enormes cruceros, cargueros o petroleros, llenos de aparatos de alta tecnología; o si son pequeños botes de pesca, barquichuelos deportivos o pateras que tratan de dejar atrás una tierra sin perspectivas de mejora; los faros siempre están ahí, con un solo y sencillo idioma, con una concreta y altruista misión que no entiende de clases sociales, de diferencias idiomáticas, políticas o culturales.

Pero los faros no solo son señales marítimas. Los faros son tantas cosas, que no es fácil enumerarlas. Es curioso que, desde las administraciones, siempre se hable de rentabilizar las señales marítimas. Yo no conozco nada más rentable que los faros. Con un gasto mínimo dan su servicio a los navegantes, inspiran a poetas y narradores, prestan sus imágenes a fotógrafos, pintores y cineastas; dan motivos para fantasear a los románticos, imaginativos y soñadores, además de ser lugares de romería para los turistas. ¿Qué más se puede pedir?

Para mí, que estoy embutido en los faros por dentro, por fuera, por trabajo, por investigación, por afición y por literatura, no es fácil entender que haya gente que no se sienta atraída, de una u otra manera, por los faros. Pero mis elucubraciones y deseos se dan de bruces con la realidad. Hay en nuestro tecnológico mundo tanto neón, tanta pantalla, tantas luces, tantas voces y tanto ruido, que no siempre es posible distinguir los faros de la enorme luminancia de fondo; hay que hacer verdaderos esfuerzos para recibir su sencillo mensaje o escuchar sus monótonos cantos de sirenas.

Cuando un farero como yo encuentra a alguien tan interesado por los faros como Luis Vázquez, «Curro», no puede hacer otra cosa que conmoverse. Él es una persona que siente los faros más que muchos fareros y, por supuesto, mucho más que la mayoría de los directivos de las administraciones que pueden decidir sobre ellos.

Desde este mundo nuestro de luces y sombras, le hemos recibido con los brazos abiertos porque su entusiasmo y su cercanía desarma a los más reticentes. Yo, particularmente, le he dejado entrar en mi faro y en mi vida particular; pero no le ha salido gratis, también le he enredado en algunos de mis proyectos y espero que nuestra relación continúe mucho tiempo dando frutos.

Curro ha dado vueltas y revueltas alrededor de los faros, buscando la belleza, la llamada de su luz y su poesía; pero, a la vez, interesándose por sus habitantes, por la suerte de este cuerpo nuestro en proceso acelerado de extinción. Se ha ido enredando entre los destellos, buceando en sus oscuridades, para plasmar la belleza de nuestras señales marítimas, su historia y su vida interior.

La cámara de Curro ha sobrevolado durante años, como una enorme polilla, las luces de nuestro litoral, captando imágenes a veces espectaculares, a veces simples detalles que escapan al ojo de los demás, a veces intimidades y confesiones de sus habitantes. El trabajo parece estar terminado con la realización del documental *Luz de Mar* y la edición de este libro, pero creo que las cosas no acaban aquí. Quien ha vivido tan de cerca los faros, no puede olvidarlos fácilmente. Igual que algunos de nosotros, Curro ha quedado atrapado en el laberinto de estos túneles de luz tallados en la oscuridad, de estos agujeros blancos entre la nada de la noche en el mar y el todo de la costa.

Este libro es la viva imagen de los faros, de su belleza y su importancia, pero no es solo eso, está cargado de poesía, de cariño y de admiración. En este libro se deslizan las pinceladas del genial pintor Eduardo Sanz, que ha dejado el mundo de los faros huérfano de uno de sus más luminosos destellos. En este libro resuena la música de Javier Pérez de Arévalo, la poesía hecha dentro y fuera de los faros, mezclada con el zumbido del paramotor de Nino Muelas.

Este trabajo trasluce los recuerdos de algunos fareros, de sus familiares, las impresiones de los pescadores, las investigaciones de los historiadores; pero, sobre todo, prevalece la mirada de Curro, sus guiños, que responden a los destellos que los faros le lanzan a él, en una relación cómplice y casi amorosa.

La farofilia de Curro es correspondida por los faros y por algunos fareros, que nos hemos hecho currofilos, y le damos las gracias por llevar los destellos de los faros mucho más allá de su alcance geográfico.

Desde las linternas de nuestros faros, seguiremos mandándole, a él y a todos los que quieran recibirlos, nuestros mejores destellos, mientras nos queden fuerzas y mientras se resuelve el enigma de saber quién será el último farero de este país, en una extraña competición de fondo contra el tiempo; mientras vemos quién de nosotros será el que tendrá el dudoso honor de cerrar el ciclo vital de esta antigua profesión, quién será el que llegue a la meta detrás de todos, dentro de unos pocos años, rompiendo definitivamente la delgada cinta que aún sujeta a los fareros con sus torres, a estos caracoles con sus conchas en espiral, a estos marineros en tierra con su balcón inevitablemente asomado al mar.

Ya que la suerte está echada para las personas, les desearemos larga vida a los faros y a todos sus amigos, sobre todo si son tan buenos y tan activos como lo es Luis Vázquez, nuestro Curro.

MARIO SANZ CRUZ

Faro de Mesa Roldán,
Carboneras, 21 de junio de 2014

Galicia

En estas páginas, dos fotografías de la **Torre de Hércules** (A Coruña). Se trata del único faro romano y el más antiguo en funcionamiento del mundo.

A la izquierda, una vista aérea de la **Torre de Hércules** (A Coruña).

Sobre estas líneas, **Pedro Pasantes**, el torrero que más años ha ejercido la profesión en este emblemático faro.

Es el faro de los faros.

La torre con más otoños, la que iluminando las noches de 20 siglos se ríe de la prisa de los hombres, con su mellada luz de destellos.

La Tierra gira, ella está fija.

La Tierra gira en torno suyo, por eso parece que su luz se mueve.

«Para ser un buen farero lo primero que se necesita es tener amor a la profesión. Porque uno puede estar académicamente bien preparado pero si no tienes el gusanillo ese que le coges con los años... Con los años te vas haciendo más a los faros, les vas cogiendo cariño. Es esto: los años te van haciendo farero».

PEDRO PASANTES
Farero de la Torre de Hércules

A la derecha, la **Torre de Hércules** (A Coruña), declarada Patrimonio de la Humanidad en el año 2009.

En la página siguiente, en primer plano, la **torre de enfilación de Mera** marca la entrada al puerto de A Coruña. Al fondo, la ciudad y la **Torre de Hércules.**

El moderno **faro de Punta Nariga**, construido en el año 1994.

El **faro de Corrubedo** (Corrubedo, A Coruña) se ubica en el Parque Natural del Complejo Dunar del mismo nombre.

En estas páginas, dos vistas del **faro de Cabo Silleiro** (Pontevedra).

S
N
S
N

Faro de Cabo Touriñán (Muxía, A Coruña),
el punto más occidental de Galicia y de la España peninsular.

A la izquierda, **Paco Lijó**, farero de Finisterre. Aficionado a la pintura, ha expuesto su obra en el propio faro. Abajo, una mujer teje redes de pesca en el puerto.

«Me da la impresión de que a todos, a toda la gente, incluso a la que no es de puerto de mar, le atrae un poco esto de los faros. Si yo pudiera variar y cambiar y pasar por todos, me encantaría».

PACO LIJÓ
Farero de Finisterre

A la derecha, el **faro de Finisterre** (Finisterre, A Coruña). Según dicen, el lugar más visitado de Galicia después de la Catedral de Santiago de Compostela.

En esta página, varios detalles del edificio del **faro de Ons** (isla de Ons, Pontevedra).

El **faro de Ons** está ubicado en la isla del mismo nombre, que forma parte del Parque Nacional de las Islas Atlánticas de Galicia.

Asturias

A izquierda y derecha, dos imágenes del **faro de Cabo Peñas** (Asturias), activo desde 1852. Su planta baja alberga en la actualidad el Centro de Interpretación del Medio Marino de Cabo Peñas.

«Después ocurrió ya lo de dejar la vivienda, que quizá fue otro momento clave en la evolución de los fareros hacia su extinción como profesión. Dejamos las viviendas y, bueno, seguimos haciendo el mismo trabajo solo que sin vivir en el faro, que ya no era necesario. Todos los faros eran automáticos. No solo automáticos, sino telecontrolados».

Enrique Luzuriaga
Ex farero

A la izquierda, el **faro de Cudillero** preside el acantilado de la Punta Roballera (Cudillero, Asturias).

A la derecha, el **faro de Cabo Busto** (Valdés, Asturias).

Dos vistas del **faro de Luarca**, situado en la Punta Focicón (Luarca, Asturias), dentro del conjunto formado por la capilla de la Atalaya, el cementerio y los restos de la muralla defensiva del siglo XVI.

«Yo creo que el momento en el que se acabarán los fareros será cuando esto se externalice. Esa es la palabra clave. Externalizar un servicio de mantenimiento que es hacer un contrato con una empresa cuyos empleados no solo vienen a los faros, sino que hacen otras muchas cosas. Yo creo que ese será el momento en el que ya la profesión, que tiene más de 150 años de antigüedad, se extinga definitivamente».

ENRIQUE LUZURIAGA
Ex farero

En estas páginas, la torre cuadrada del **faro de Luarca** destaca sobre el perfil del cementerio de la localidad asturiana, famoso por acoger la tumba de Severo Ochoa, Premio Nobel de Medicina.

En la página siguiente, una
panorámica nocturna del puerto y la
villa de Luarca.

Cantabria

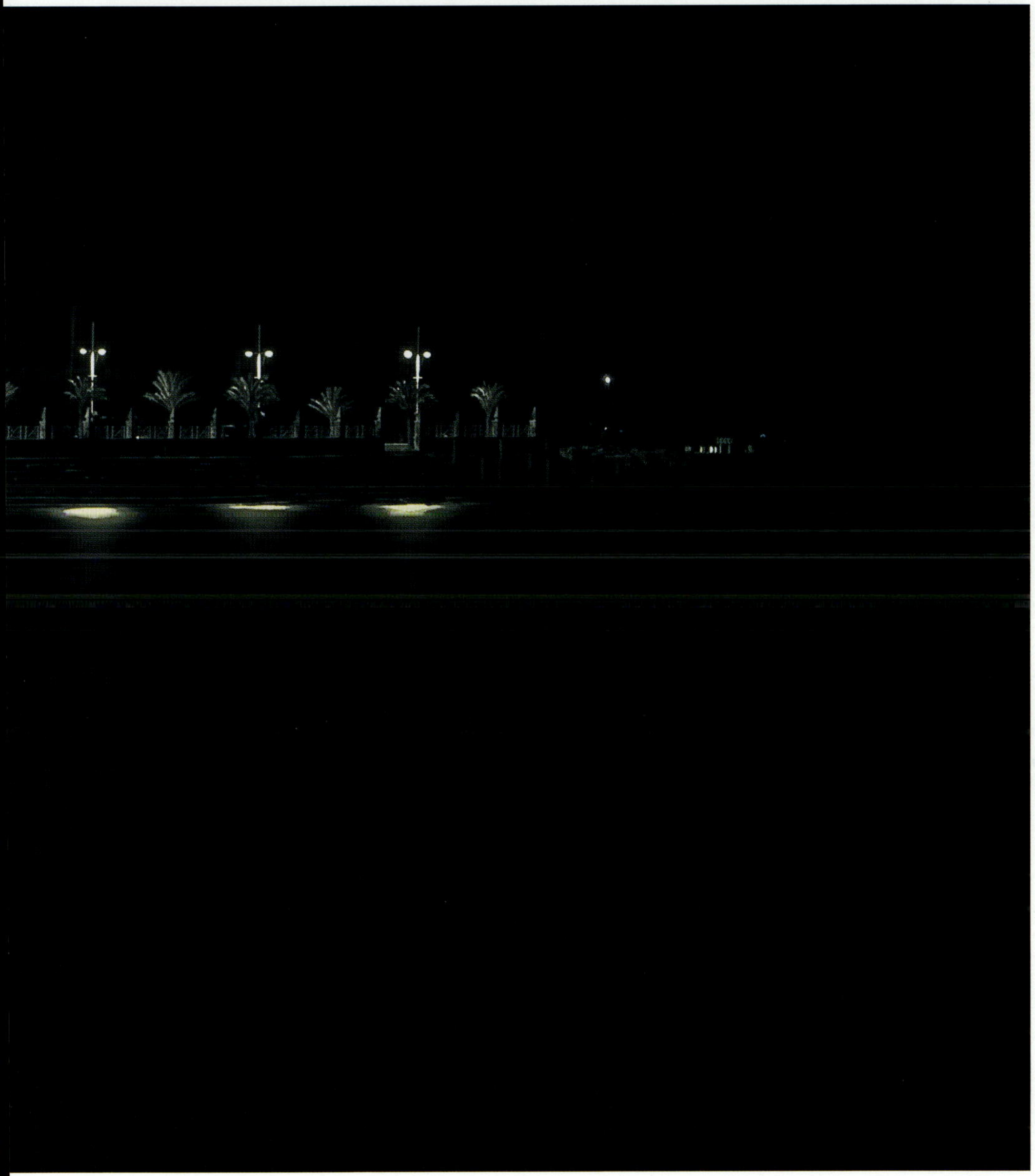

A la izquierda, panorámica nocturna de Castro Urdiales (Cantabria), donde destacan las figuras de la iglesia de Santa María de la Asunción y el **faro del Castillo de Santa Ana.**

En las páginas siguientes, dos imágenes del **faro del Castillo de Santa Ana.** El castillo fue construido durante los siglos XIII y XIV, mientras que el faro data de 1853.

Las olas rompen contra las rocas en Santander.

El **faro de Cabo Mayor** preside la entrada a la bahía de Santander (Cantabria), y se ha convertido en uno de sus edificios más emblemáticos.

«Desde muy pronto, el hombre empezó a usar señales marítimas, señales luminosas, es decir, faros para ayuda de los navegantes. Hacia el año 1850, los faros en este país están subdesarrollados, frente a otros países con una tradición náutica mucho más fuerte como podían ser Inglaterra o Francia».

Ramón Ojeda
Catedrático de Historia

Dos vistas aéreas del **faro de Cabo Mayor.** Situado en el extremo noreste de Santander, emite dos destellos de luz blanca cada 10 segundos, con un alcance de 21 millas.

A la izquierda, otra vista del **faro de Cabo Mayor** (Santander, Cantabria), que acoge actualmente el Centro de Arte Faro de Cabo Mayor, que alberga la Colección Sanz-Villar de obras de arte y objetos relacionados con el mar y los faros. Sobre estas líneas, **Eduardo Sanz**, pintor de faros, cuya obra es parte fundamental de la colección.

«Los faros son edificios de una arquitectura civil
emblemática, con mucha prestancia. Situados
en lugares muy, muy especiales. Es más,
cuando el faro como edificio no tiene singularidad,
a lo mejor está ubicado en un paisaje fabuloso.
O sea, que cualquiera de los faros tiene su interés».

EDUARDO SANZ
Pintor

Además del **faro de Cabo Mayor**, la capital cántabra presume de otros dos faros. En primer plano, el **faro de la Cerda**, en la península de la Magdalena. Al fondo, el **faro de la Isla de Mouro**. Técnicamente, ambos son balizas.

A la izquierda, el **faro de la Isla de Mouro** en día de tormenta. Su diseño es similar a los faros de roca que alumbran las costas inglesas. Considerado durante muchos años el peor destino para un farero, estuvo habitado hasta 1921. Era habitual que sus habitantes permanecieran varios días incomunicados por los temporales.

Sobre estas líneas, el sol se pone tras la península de la Magdalena, momento en que se enciende el **faro de la Cerda**.

País Vasco

El **faro de Punta Galea** (Getxo, Bizkaia) es el más occidental de la costa vasca.

A la derecha, el **faro de Santa Catalina** (Lekeitio, Bizkaia), que se ha reformado por completo para acoger el Centro de Interpretación de la Tecnología de la Navegación. El complejo recrea en su interior las sensaciones de los antiguos marineros al avistar la luz de un faro, e incluye una exposición de diferentes tecnologías de la navegación, así como un simulador que recrea una travesía virtual por mar desde el puerto de Lekeitio.

Desde el espigón de Zumaia (Guipuzkoa), se distinguen con claridad las luces de dos faros vizcaínos: a la izquierda, el de **Santa Catalina** (Lekeitio), y a la derecha, el **faro de Matxitxako** (Bermeo).

El **faro de Monte Atalaya** (Zumaia, Guipuzkoa) tiene dos características distintivas. Una de ellas es su cúpula azul. La otra, su óptica de ocultaciones: la linterna permanece encendida de forma continua y los haces se producen mediante la ocultación secuencial de su luz.

Cada tres segundos la oscuridad muere y un destello marca el camino.

El horizonte se viste de luces.

Solo una se mueve rítmicamente, girando, atrayendo, abrazando con su haz a los navegantes hacia tierra firme.

Un oasis en medio del mar, en las alturas de un acantilado a oscuras.

Un espejismo brillante en la espesura de la noche, mar adentro.

¿Qué es el mar, si no un desierto?

¿Qué es un faro solitario, si no un náufrago?

¿Qué es un farero sin faro, si no un huérfano?

En estas fotografías, el **faro de Getaria** (Getaria, Guipuzkoa), construido en el monte de San Antón, al que antiguamente solo se podía acceder caminando durante la bajamar, y que hoy en día está unido por carretera al puerto de la localidad.

Panorámica de la bahía de San Sebastián. A la derecha, el Monte Igueldo
y la isla de Santa Clara, que acogen los dos faros de la ciudad.

«En el fondo, ahora lo piensas y es la vida de un millonario, que puede vivir retirado, a su aire. Normalmente tienen paisajes muy bonitos los faros, el campo… Puedes hacer una vida magnífica. Visto ahora… visto lo bueno, que también había lo malo, la no comunicación».

MIREN JIMÉNEZ
Hija de farero

En estas imágenes, el **faro de Monte Igueldo** (San Sebastián, Guipuzkoa), construido en 1855 en las faldas de este promontorio, en cuya cima se ubica el famoso parque de atracciones donostiarra. Gracias a sus 375 mm de distancia focal, cuenta con la óptica más potente del País Vasco.

El **faro de Santa Clara** preside la isla del mismo nombre (San Sebastián, Bizkaia). Se trata de una isleta escarpada de 5,6 hectáreas situada en el centro de la bahía de La Concha y que alcanza los 48 metros de altitud.

Situado sobre la bocana de entrada a la bahía de Pasaia (Guipuzkoa), el **faro de la Plata**, con sus almenas y torreones, recuerda más a un castillo de cuento de hadas que una señal marítima.

Cataluña

Arriba, el **faro de Punta s'Arnella** (Port de la Selva, Girona).

A la derecha, anochece en el **faro Cap de Creus** (Girona). El paraje fue uno de los escenarios del film *El faro del fin del mundo,* adaptación de la novela de Julio Verne. El edificio del faro acoge actualmente el Espacio Cap de Creus, un centro de interpretación del parque.

En la página anterior, el **faro de Roses**, construido en 1864, se alza bajo el Castillo de la Trinitat (Roses, Girona).

Sobre estas líneas, el **faro de Cala Nans** (Cadaqués, Girona). Fue abandonado a principios del siglo XX por la pérdida de su valor estratégico y en 1982 fue rehabilitado, gracias a la oposición de los vecinos a su derrumbe y sustitución.

El antiguo edificio del **faro de la Banya** fue trasladado en 1985 desde el Delta del Ebro hasta el puerto de Tarragona, donde acoge actualmente un Museo de Faros.

El antiguo **faro de la Banya** es uno de los más peculiares de España. De planta hexagonal, fue una de las tres torres metálicas construidas en Birmingham para adaptarse a las características del terreno del Delta del Ebro, gracias a un sistema móvil. Las otras dos torres (Buda y el Fangal) desaparecieron por culpa de la corrosión.

A la izquierda, la torre de hormigón del **faro del Fangar** se levanta sobre la arena del Delta del Ebro como si de un espejismo se tratase.

Sobre estas líneas, el moderno **faro de la Banya**, que sustituyó al faro metálico en 1978. Está situado en el inicio de la península de los Alfaques, en la zona sur del Delta del Ebro (Sant Carles de la Ràpita, Tarragona), de gran interés ecológico y declarada Parque Natural protegido por sus especiales características para la cría de aves.

A la izquierda, dos vistas del **faro de Sant Carles de la Ràpita** (Tarragona), famoso por sus destellos rojos.

Me guiñas un ojo
y acudo hipnotizado,
eres lo que yo he buscado.
Te veo pero no te tengo,
te siento cerca pero no puedo alcanzarte.
Paso de largo mirándote de reojo,
tú parpadeas como ausente.

No puedo detener mi camino,
en mi rumbo encuentro otra mirada.
Me guiñas un ojo
y yo paso sin verte.
No te miro y no te siento.
Mi travesía acaba en naufragio,
tú parpadeas indiferente.

Mario Sanz Cruz

El **faro de Punta Galera** (Torredembarra, Tarragona) tiene el honor de ser el más moderno de España. El encendido se realizó a las 0:00 horas del día 1 de enero del año 2000, dando la bienvenida al nuevo milenio. Pasará a la historia como el último faro construido en el siglo XX.

Islas Baleares

En Formentera ya no quedan fareros. El último de ellos fue **Javier Pérez de Arévalo**, torrero del **faro de La Mola** (Formentera, Islas Baleares).

El sol se pone en el **faro de La Mola**, ubicado en la zona más aislada y también más elevada de la isla de Formentera, a 192 metros sobre el nivel del mar, donde anida una de las mayores colonias de pardela pichoneta y pardela cenicienta.

«Muchos de nosotros hemos tenido la sensación de llegar tarde a la profesión. A partir del año 92, nos desgajamos. Unos se quedaron de funcionarios, otros decidimos mantenernos como fareros, pero sabíamos perfectamente que iba a ser una especie de agonía. De agonía en doble sentido. La agonía en el sentido habitual, en el sentido normal que tenemos de la agonía, de muerte lenta, y de agonía en el sentido de lucha. Nos quedaba, a la mayoría, veinte años para jubilarnos. Para nosotros fue doloroso ver como, durante un gobierno socialista, se tomaba esta decisión. Era una especie de semiprivatización, por decirlo así. Pero veías que era un camino sin retorno, y que se había emprendido en muchos países».

JAVIER PÉREZ DE ARÉVALO
Último farero de Formentera

A la izquierda, el **faro de La Mola**. Su último habitante, Javier Pérez de Arévalo, dedicó uno de sus libros al dolor que le produjo abandonar este acantilado, en el que pasó doce años de su vida.

Cuando un adiós huele fuerte, los perros y los pájaros saben que es para siempre. Y mi pájaro azul marino así lo olió, y se lo dijo al acantilado, y se lo dijo al faro, y se lo dijo al halcón aunque a este no le importó. También le dijo al mar lo de mi salida apestada y este se preocupó y se preguntó por el faro y por su luz, y no dejaba de pensar en el sentido que pudiera tener un torrero sin torre, y un faro sin farero.

Fragmento de *El Acantilado*,
de Javier Pérez de Arévalo

A la derecha, el faro del **Cap de Barbaria**, el otro faro de Formentera. Se hizo famoso por aparecer en la película de Julio Médem *Lucía y el sexo* (2001).

El **faro de Portopí** (Palma de Mallorca, Islas Baleares) alberga en su interior un museo de señales marítimas. En sus cinco salas se exponen diferentes ópticas y grupos de luz. Curiosamente, este faro es el único de España en mantener una óptica formada por superficies catóptricas metálicas reflectoras que giran en dos grupos alrededor de una lámpara eléctrica.

El **faro de Portopí** es el tercero más antiguo de Europa, aunque perdió su ubicación original el el siglo XVII a causa de la construcción del fuerte de San Carlos. Las primeras noticias de su existencia se remontan al siglo XIV. En 1385, el gobernador de Palma publicó un bando en el que se anunciaban los castigos que sufrirían quienes hicieran daño a las vidrieras del faro de Portopí. Si el causante del daño era menor de 12 años, pasaría un día en la picota. Pero si era mayor de esa edad, perdería una mano si el daño se realizaba durante el día; si era por la noche, su destino sería la horca.

Comunidad Valenciana

El **faro de Peñíscola** (Castellón) forma parte del casco histórico de la localidad, construida sobre una península rocosa. Está situado en la parte más alta, junto al castillo de Benedicto XIII, el Papa Luna. Fue inaugurado en 1899.

En 1970 se realizó la última reforma en el **faro de Peñíscola**. Se sustituyeron la linterna, la óptica y el mecanismo de giro, para dar la característica actual de grupos de uno y dos destellos blancos cada 15 segundos y 22 millas de alcance.

En estas páginas, el **faro de Canet d'En Berenguer** (Valencia). Situado a más de 300 metros de distancia del mar, se construyó a las afueras de la localidad. Con los años, las urbanizaciones lo han rodeado por completo.

En estas páginas, varias vistas del **faro de Cullera** (Valencia), que fue inaugurado en 1858 y da nombre a una de las playas de la localidad.

Murcia

En estas páginas, el **faro de Cabo de Palos** (Cartagena, Murcia). En 1554, debido a la intensidad de los ataques de los piratas berberiscos, el rey Carlos I ordenó la construcción en este lugar de una torre vigía, que fue sustituida en 1864 por el actual edificio.

En la página siguiente, el faro iluminado durante la noche. El plano focal tiene una altura de 51 metros sobre el terreno y 81 metros sobre el nivel del mar. Su alcance nocturno es de 23 millas náuticas.

Andalucía

El **faro de Mesa Roldán** (Carboneras, Almería) está situado sobre un imponente promontorio, a 220 metros sobre el nivel del mar, lo que le hacía ser el faro más alto de la península, hasta que se inauguraron los de la Polacra y Castell de Ferro. Es la puerta de entrada al Parque Natural de Cabo de Gata.

«Hace ya unos catorce años que estamos declarados a extinguir y ya no se pueden hacer oposiciones para el cuerpo de técnico de señales marítimas. Yo hice la penúltima, y la verdad es que los exámenes eran dificilísimos. Ahora llevamos varios faros cada uno. Lo que nosotros tenemos que hacer es que el faro funcione perfectamente, los faros y cualquier otra señal marítima de la zona... En el faro hacemos, además del mantenimiento eléctrico y este tipo de cosas, cualquier tipo de trabajo... Igual pintas que barres, o sea que todo es responsabilidad nuestra».

Mario Sanz
Farero de Mesa Roldán y escritor

Vista panorámica de Mesa Roldán. A la izquierda, el faro y, a la derecha, la torre vigía, construida en 1766 sobre otra torre anterior de origen musulmán. Ambas construcciones se encuentran entre la llamada Punta de los Muertos y la Punta de la Media Naranja.

Desde el **faro de Mesa Roldán**, el torrero **Mario Sanz** ha escrito varios libros sobre la historia de los faros almerienses y los profesionales que los han hecho funcionar.

A la izquierda, **Dolores Papis**, durante muchos años *farista* del **faro de Punta Sabinal** (Roquetas de Mar, Almería). Se jubiló en 2009.

1977
N
S

FARO DE 3er ORDEN DEL "SABINAL"
DESTELLOS RELAMPAGOS EN
GRUPOS DE 2Y1 CADA 10 SDOS.
ALCANCE OPTICO....... 100 MILLAS
ALCANCE GEOMETRICO. 33 MILLAS
ALTURA DEL FOCO SOBRE EL MAR 34 mts.
Situación Geográfica....
LATITUD – 36 41 10
LONGITUD – E 02 42 00

FARO DE 3er ORDEN DEL "SABINAL"
DESTELLOS RELAMPAGOS EN
GRUPOS DE 2Y1 CADA 10 SDOS.
ALCANCE OPTICO....... 100 MILLAS
ALCANCE GEOMETRICO. 33 MILLAS
ALTURA DEL FOCO SOBRE EL MAR 34 mts.

El **faro de Punta Sabinal**, con su torre de 32 metros de altura, se ubica en el entorno del Paraje Natural Punta Entinas-Sabinar, formado por un conjunto de dunas y charcas, dentro de un ecosistema subárido mediterráneo.

Construido sobre el Cerro del Chucho, el **faro de Sacratif** (Torrenueva, Granada), inaugurado el 31 de diciembre de 1863, destaca por su torre blanca y sus ventanas en forma de ojo de buey. Es el único con señal aeromarítima en la provincia de Granada y el más importante de esta costa.

«Cuando yo fui a faros, era la primera mujer de un *farista* que se presentaba a faros. Era raro, ¿no? La evolución es buena. Muy buena. Lo único es, pues eso, que a los *faristas* nos gusta ser *faristas*, nos gusta estar en nuestro faro, y yo, personalmente, lo veo muy útil. Siempre se necesita un faro. Y, aunque lleves GPS, yo creo que los barcos grandes, incluso, llevarán su GPS, llevarán todas sus cosas, pero la mirada al faro, aunque sea por costumbre, yo creo que la echan. Yo pienso que los faros teníamos que tenerlos como un monumento bien cuidado y bien guardado».

DOLORES PAPIS «LOLA»
Farista *jubilada*

A casi 44 metros sobre el nivel del mar, el **faro de Tarifa** está situado en el extremo sur de la isla de Las Palomas (Tarifa, Cádiz), unida hoy a tierra firme por una carretera.

Sobre una torre de costa del siglo XVI, popularmente atribuida a los cartagineses, se encuentra el **faro de Cabo Roche** (Conil, Cádiz).

En la página siguiente, con su monumental torre blanca de 34 metros de altura, el entorno del **faro de Cabo Trafalgar** (Barbate, Cádiz) fue declarado Monumento Natural en 2001.

El faro de Chipiona (Cádiz) es el más alto de España, tercero de Europa y quinto del mundo. Su torre mide 62 m y para subir a su linterna es necesario escalar sus 322 escalones. Señala a los barcos la entrada del río Guadalquivir, el único navegable de España.

Me escucha la torre altiva.
Me escucha callada con su mirada tranquila,
intermitente.
No me importa sentirme observado.
Su ojo no me quema cuando pestañea,
su mirar no me empuja, me relaja,
me hipnotiza y me duerme en el colchón
de sus haces y me callo.
Ahora soy yo quien escucha.
Él es más sabio.

El **faro de Chipiona** también era aprovechado como baliza por
los aviones, ya que es uno de los 20 faros aeromarítimos de España.
Su haz de luz alcanza la misma distancia en vertical que en horizontal.

Sobre estas líneas, el sol se pone tras el **faro de la Higuera** (Matalascañas, Huelva), que enciende su linterna de paneles de lámparas halógenas.

A la izquierda, el **faro del Picacho** (Mazagón, Huelva), situado a una distancia de 600 metros del mar, acoge actualmente un centro cívico con bar.

Índice de faros

Galicia

Páginas 12-19: **Torre de Hércules** (A Coruña)
Altura sobre el nivel del mar: 106 metros
Altura de la torre: 58 metros
Alcance: 23 millas

Página 20: **Faro de Punta Nariga** (Malpica)
Altura sobre el nivel del mar: 101 metros
Altura de la torre: 39 metros
Alcance: 22 millas

Página 21: **Faro de Corrubedo** (Corrubedo)
Altura sobre el nivel del mar: 32 metros
Altura de la torre: 14 metros
Alcance: 15 millas

Páginas 22-23: **Faro de Silleiro** (Baiona)
Altura sobre el nivel del mar: 85 metros
Altura de la torre: 30 metros
Alcance: 35 millas

Páginas 24-25: **Faro Touriñán** (Muxía)
Altura sobre el nivel del mar: 65 metros
Altura de la torre: 14 metros
Alcance: 23 millas

Página 27: **Faro Finisterre** (Finisterre)
Altura sobre el nivel del mar: 143 metros
Altura de la torre: 17 metros
Alcance: 23 millas

Páginas 28-29: **Faro de Ons** (isla de Ons)
Altura sobre el nivel del mar: 127 metros
Altura de la torre: 12 metros
Alcance: 25 millas

Asturias

Página 32-33: **Faro de Cabo Peñas** (Gozón)
Altura sobre el nivel del mar: 117 metros
Altura de la torre: 21 metros
Alcance: 35 millas

Página 34: **Faro de Cudillero** (Cudillero)
Altura sobre el nivel del mar: 44 metros
Altura de la torre: 10 metros
Alcance: 14 millas

Página 35: **Faro de Busto** (Valdés)
Altura sobre el nivel del mar: 86 metros
Altura de la torre: 9 metros
Alcance: 25 millas

Páginas 36-41: **Faro de Luarca** (Luarca)
Altura sobre el nivel del mar: 65 metros
Altura de la torre: 9 metros
Alcance: 14 millas

Cantabria

Páginas 42-45: **Faro del Castillo de Santa Ana** (Castro Urdiales)
Altura sobre el nivel del mar: 49 metros
Altura de la torre: 16 metros
Alcance: 20 millas

Páginas 47-50: **Faro de Cabo Mayor** (Santander)
Altura sobre el nivel del mar: 91 metros
Altura de la torre: 30 metros
Alcance: 21 millas

Páginas 51-52: **Faro de Isla de Mouro** (Santander)
Altura sobre el nivel del mar: 39 metros
Altura de la torre: 18 metros
Alcance: 7 millas

Página 53: **Faro de la Cerda** (Santander)
Altura sobre el nivel del mar: 24 metros
Altura de la torre: 9 metros
Alcance: 7 millas

País Vasco

Página 54: **Faro de Punta Galea** (Getxo)
Altura sobre el nivel del mar: 84 metros
Altura de la torre: 8 metros
Alcance: 19 millas

Página 55-57: **Faro de Santa Catalina** (Lekeitio)
Altura sobre el nivel del mar: 46 metros
Altura de la torre: 13 metros
Alcance: 17 millas

Páginas 58-59: **Faro de Monte Atalaya** (Zumaia)
Altura sobre el nivel del mar: 41 metros
Altura de la torre: 12 metros
Alcance: 12 millas

Páginas 60-61: **Faro de Getaria** (Getaria)
Altura sobre el nivel del mar: 93 metros
Altura de la torre: 14 metros
Alcance: 21 millas

Páginas 64-65: **Faro de Monte Igueldo** (San Sebastián)
Altura sobre el nivel del mar: 134 metros
Altura de la torre: 13 metros
Alcance: 26 millas

Página 66: **Faro de Santa Clara** (San Sebastián)
Altura sobre el nivel del mar: 53 metros
Altura de la torre: 10 metros
Alcance: 9 millas

Página 67: **Faro de la Plata** (Pasaia)
Altura sobre el nivel del mar: 153 metros
Altura de la torre: 13 metros
Alcance: 13 millas

Cataluña

Página 70: **Faro de Punta s'Arnella** (Port de la Selva)
Altura sobre el nivel del mar: 22 metros
Altura de la torre: 10 metros
Alcance: 13 millas

Página 71: **Faro de Cap de Creus** (Cadaqués)
Altura sobre el nivel del mar: 87 metros
Altura de la torre: 11 metros
Alcance: 20 millas

Página 72: **Faro de Roses** (Roses)
Altura sobre el nivel del mar: 24 metros
Altura de la torre: 11 metros
Alcance: 12 millas

Página 73: **Faro de Cala Nans** (Cadaqués)
Altura sobre el nivel del mar: 33 metros
Altura de la torre: 7 metros
Alcance: 8 millas

Página 74-75: **Antiguo faro de la Banya** (Tarragona)
Altura sobre el nivel del mar: 27 metros
Altura de la torre: 18 metros
Alcance: 1 milla

Página 76: **Faro del Fangar** (Delta del Ebro)
Altura sobre el nivel del mar: 20 metros
Altura de la torre: 20 metros
Alcance: 12 millas

Página 77: **Faro de la Banya** (Delta del Ebro)
Altura sobre el nivel del mar: 27 metros
Altura de la torre: 27 metros
Alcance: 12 millas

Página 78: **Faro de Sant Carles de la Ràpita** (Sant Carles de la Ràpita)
Altura sobre el nivel del mar: 10 metros
Altura de la torre: 9 metros
Alcance: 11 millas

Página 79: **Faro de Punta Galera** (Torredembarra)
Altura sobre el nivel del mar: 58 metros
Altura de la torre: 38 metros
Alcance: 17 millas

Islas Baleares

Páginas 80-84: **Faro de La Mola** (Formentera)
Altura sobre el nivel del mar: 142 metros
Altura de la torre: 22 metros
Alcance: 23 millas

Página 85: **Faro de Barbaria** (Formentera)
Altura sobre el nivel del mar: 78 metros
Altura de la torre: 19 metros
Alcance: 18 millas

Páginas 86-87: **Faro de Portopí** (Palma de Mallorca)
Altura sobre el nivel del mar: 41 metros
Altura de la torre: 38 metros
Alcance: 22 millas

Comunidad Valenciana

Páginas 88-91: **Faro de Peñíscola** (Peñíscola)
Altura sobre el nivel del mar: 56 metros
Altura de la torre: 11 metros
Alcance: 23 millas

Páginas 92-93: **Faro de Canet** (Canet d'en Berenger)
Altura sobre el nivel del mar: 30 metros
Altura de la torre: 30 metros
Alcance: 25 millas

Páginas 94-95: **Faro de Cullera** (Cullera)
Altura sobre el nivel del mar: 28 metros
Altura de la torre: 16 metros
Alcance: 25 millas

Murcia

Páginas 96-99: **Faro de Cabo de Palos** (Cabo de Palos)
Altura sobre el nivel del mar: 81 metros
Altura de la torre: 51 metros
Alcance: 23 millas

Andalucía

Páginas 100-103: **Faro de Mesa Roldán** (Carboneras)
Altura sobre el nivel del mar: 222 metros
Altura de la torre: 11 metros
Alcance: 23 millas

Páginas 104-107: **Faro de Punta Sabinal** (Roquetas de Mar)
Altura sobre el nivel del mar: 34 metros
Altura de la torre: 34 metros
Alcance: 16 millas

Página 108-109: **Faro de Sacratif** (Torrenueva)
Altura sobre el nivel del mar: 98 metros
Altura de la torre: 17 metros
Alcance: 25 millas

Páginas 110-111: **Faro de Tarifa** (Tarifa)
Altura sobre el nivel del mar: 41 metros
Altura de la torre: 33 metros
Alcance: 27 millas

Página 112: **Faro de Cabo Roche** (Conil)
Altura sobre el nivel del mar: 45 metros
Altura de la torre: 20 metros
Alcance: 20 millas

Página 113: **Faro de Trafalgar** (Barbate)
Altura sobre el nivel del mar: 51 metros
Altura de la torre: 34 metros
Alcance: 22 millas

Páginas 114-117: **Faro de Chipiona** (Chipiona)
Altura sobre el nivel del mar: 69 metros
Altura de la torre: 62 metros
Alcance: 25 millas

Página 118: **Faro del Picacho** (Mazagón)
Altura sobre el nivel del mar: 52 metros
Altura de la torre: 25 metros
Alcance: 25 millas

Página 119: **Faro de la Higuera** (Matalascañas)
Altura sobre el nivel del mar: 47 metros
Altura de la torre: 24 metros
Alcance: 20 millas

Cuaderno de viaje

1

2

5

6

7

3

4

1 Desde el paseo marítimo de Donosti hay una vista perfecta del Monte Igueldo y la isla de Santa Clara. Desde aquí se ven perfectamente los dos faros que guardan La Concha.

2 Foto de grupo del equipo en Formentera con Javier Pérez de Arévalo, el último habitante del faro de La Mola. Junto a él, Raúl, José Manuel, Bárbara y Curro, el equipo de rodaje desplazado a la isla.

3 El mecanismo de la Torre de Hércules es como el de cualquier otro faro, pero estar en lo más alto del faro más antiguo del mundo que aún queda en pie junto a su farero más entrañable, Pedro Pasantes, no tiene precio. Al lado Nino, el piloto del paramotor.

4 Sobrevolando el mar transparente de Formentera en diciembre, mientras el apoyo logístico y espiritual corre a cargo de Sergi y Guillermo.

5 Hay accesos que solo puede utilizar un farero. Este es el de la subida al faro de Getaria. La señal es muy descriptiva.

6 Grabando en el parque natural del Delta del Ebro, un lugar espectacular.

7 Sobrevolando la Torre de Hércules viéndonos a nosotros mismos como nosotros vemos la Torre.

8

9

11

12

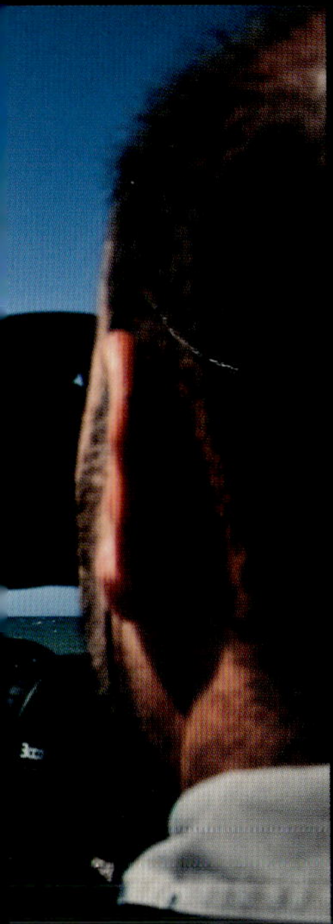

8 Con mi amiga Cristina y el hombre que más sabe de naufragios ocurridos en Galicia, Ramón Allegue.

9 Grabando a Lola en su playa, la que visitaba todas las mañanas. Aquí vivió un momento muy melancólico poco antes de jubilarse como *farista* del Sabinal.

10 ¡Peligro! En el delta del Ebro, las familias de patos acechan cerca del faro del Fangar.

11 Entre el mar y la nubes: un artefacto volador preparado para divisar las luces giratorias de los acantilados.

12 Preparando el vuelo en A Coruña... Cada uno hace sus ajustes.

13 El faro de Cullera, en Valencia. Un lugar privilegiado.

14 Con Mario Sanz, el farero escritor madrileño, que dejó atrás el ruido por su faro de Mesa Roldán. Junto a él, Nino y Curro.

10

13

14

15

16

17

18

19

15 Peñíscola –famosa por ser también Calabuch en la película homónima de Berlanga–, con un farero excepcional.

16 No está pescando. Roberto maneja de lujo la polecam, al lado del Cabo de Palos en Murcia.

17 Con Javier en el velero de Edu, en Barbate, poco antes de salir hacia el Cabo Trafalgar en Cádiz.

18 Lydia y Cucho en el faro de la isla de Ons: un lugar misterioso en el Atlántico.

19 El famoso faro del Sabinal, en Almería. No es famoso por sí mismo, sino entrañable por quien lo guardaba: Lola.

20 Volando con Nino. Se nos ve contentos, y es cierto…, se disfruta allí arriba.

21 Javier, a punto de entrar, después de muchos años, en su querido faro. Un momento también muy emotivo.

20

21

22

22 Guillermo, en Formentera, antes de despegar, acompañándonos a recorrer la isla.

23 Aterrizando por partida cuádruple en la costa de Granada después de sobrevolar el faro de Sacratif.

24 El día que Luis Tosar vino al estudio de Fernando (Codaestudio) fue un gran momento. Junto a él: Javier, Manolo, Curro, Alberto, Fernando y Raúl.

25 Tomando la fresca con Lola en la puerta del faro después de una larga jornada de grabación, aguardando a que se fuera la luz para visitar lo alto de la torre encendida. Con ella: Raúl, Curro, José Manuel y Lydia.

26 Ulises, el gran apoyo moral, técnico y todo lo demás en A Coruña. Además de fotógrafo, cámara; y también vuela colgado de unos cordinos.

27 Haciendo tiempo en Chipiona con los pies a remojo mientras sube la marea.

28 «Cerca de Rosas, donde primero alumbra el sol, el faro se muere de frío, Dalí le daba conversación», canta Kiko Veneno en *La casa cuartel*.

29 Faro de Punta Galea, en Bizkaia. Manejando una pequeña grúa al atardecer. ... Sé que se pueden hacer cosas más románticas al atardecer, cerca de un faro.

25

26

23

24

27

28

29

El autor agradece su apoyo y colaboración en primer lugar y muy especialmente a Lydia González, quien diseñó la primera maqueta de este libro y trabajó muy duramente en él. A Mari Cruz y Fernando, por darme el espíritu viajero. A todos los que participaron en este proyecto: Raúl Serrano, Javier Pérez de Arévalo, Dolores Papis, «Lola», Pedro Pasantes, Mario Sanz, Miren Santamaría y Miren Jiménez, Enrique Luzuriaga, Ramón Ojeda, Ramón Allegue, Eduardo Sanz, Mercè Toldrà, Joan Fortuny, Pepe «El Pollo», Paco Lijó, Kole y Yago. A los que me ayudaron a sacar todo esto adelante: Mercedes Milá, Paolo Vasile, Álvaro Augustín, Javier Ugarte, Salvio y Patricia, Guillermo Andrade, Sergi Candelas, Ulises López, Cristóbal G. Ortiz y Cristóbal G. Mayoral, José Ramón «Cucho» y María Brasa. A Carlos Limorti por su generosidad y al Centro de Arte Faro Cabo Mayor y Fundación Sanz-Villar. A las autoridades portuarias de A Coruña, Marín, Avilés, Gijón, Santander, Tarragona, Almería y Baleares. Y, por supuesto, a Luis Zendrera y María Borotau por hacer que este libro saliera a la luz.

Provença, 101 - 08029 Barcelona
info@editorialjuventud.es
www.editorialjuventud.es

Primera edición, 2014

ISBN 978-84-261-4115-6

DL B 16.114-2014
Núm. de edición de E. J.: 12.862
Maquetación: Mercedes Romero

Printed in Spain
Arts Gràfiques Grinver, Avda. Generalitat, 39 - Sant Joan Despí (Barcelona)